Colección de Artículos Políticos I

2008

Colección Artículos Política Dominicana

Lic. Arturo Féliz-Camilo, MDE

Imagen en la tapa:

"Balaguer" de Arturo Féliz-Camilo

Primera edición impresa para
CreateSpace de Amazon

Abril 2012

ISBN-13: 978-1475269635

Arturo Féliz-Camilo (1977-)

Nació en Santo Domingo, República Dominicana. Obtuvo el grado de Licenciado en Derecho "Magna Cum Laude" en la Universidad Autonoma de Santo Domingo (U.A.S.D.) en febrero de 2001. (República Dominicana)

En el 2008 obtuvo su grado de "Magíster en Derecho Empresarial y Legislación Económica" (MDE) en la Pontifícia Universidad Católica Madre y Maestra (P.U.C.M.M.) de la República Dominicana.

Prólogo

El presente volumen es una compilación de mis artículos de temas políticos. Es el primero de una corta serie de publicaciones.

El 2008 fue probablemente mi año de mayor producción de artículos de opinión y analisis de la realidad política en la Republica Dominicana. Esta publicación es solo una selección de algunos de los artículos publicados en ese año.

A medida que han ido pasando los años he ido incursionando en otras areas de interés y he dedicado más tiempo a estas areas. Sin duda el ejercicio profesional ha limitado el tiempo para escribir.

Una de mis principales preocupaciones es llegar al cinismo, a pensar que todos son iguales, a perder la fe y el espíritu de lucha y ante la creciente frustración que la participación constante en los temas políticos suele producir.

Por eso a veces he tomado pausas para reflexionar, meditar y madurar.

La presente publicación tenía inicialmente el objeto de proteger mis escritos y evitar que se perdieran en la bruma del olvido y la vida, pero si algo he aprendido es que solo se sabe que se comienzan los proyectos. El final de los mismos, solo Dios lo conoce.

Arturo Féliz-Camilo

22-12-08. Lo que se venía venir...

Diciembre 22, 2008

Hace unos días escribimos un artículo a propósito del discurso de nuestro presidente y decíamos, para sorpresa de muchos de nuestros amigos, que Leonel había "llenado nuestras expectativas" y que no nos había decepcionado. Esto así, porque solo quien tiene expectativas puede ser decepcionado. Como no esperábamos nada, se llenaron nuestras expectativas. Fue exactamente lo que esperábamos: Nada.

En el caso de la sentencia de la suprema corte de justicia nos pasó lo mismo y aun mas, llegamos a escribir un artículo el día antes del fallo en el que nos preguntábamos ¿se vendió la suprema?

Lo que si se ha demostrado es que en el mismo país que no tiene instituciones que soporten que el hijo del vicepresidente de la suprema sea capturado piloteando una avioneta sin plan de vuelo, al estilo de los narcos y con 600,000 dólares en efectivo no puede haber instituciones que resistan que el presidente de la republica sea declarado violador consuetudinario de la constitución, aunque lo sea.

La suprema falló por miedo a perder sus puestos y su poder, ante la inminente reforma constitucional y ha abierto la puerta para que precisamente eso suceda, pues la sociedad esta repudiando una sentencia ilógica, peligrosa, cobarde, incoherente y que crea un precedente funesto.

Ilógica, pues se basa en que el artículo 67 de la constitución establece que quines pueden ejercer una acción constitucional son "los Presidentes de las Cámaras del Congreso Nacional o de parte

4

interesada" y declara que la "parte interesada" son los mismos presidentes de las cámaras. Si el legislador hubiera previsto que "parte interesada" fueran los mismos que se citan antes de decir "parte interesada" no tenia sentido agregar este termino. ¿Para que la redundancia?

Peligrosa porque permite que el presidente pueda, de ahora en adelante, endeudar al país libremente, sin tener que pasar por el congreso y no permite que nadie pueda reclamar, pues solo los presidentes de ambas cámaras, ambos del partido de gobierno, lo hagan.

Cobarde, porque en su pagina 11 reconoce que el contrato es inconstitucional, como todos sabemos cuando dice que "...ciertamente, como ha sido alegado en la especie, el Poder Ejecutivo estaba en el deber ineludible de someter el acto impugnado a la sanción del Congreso Nacional, de conformidad con nuestra normativa constitucional..."

Incoherente, pues como también alegan los que sacaron la cara con el voto disidente, esa no ha sido la opinión de la suprema en otros casos de inconstitucionalidad que han sido conocidos a instancias de particulares.

Crea un precedente funesto, pues si los ciudadanos no pueden reclamar la inconstitucionalidad de una ley, decreto, reglamento, ordenanza o norma deja a la población en un estado de indefensión absoluto ante un gobierno que ha dado muestras de autoritarismo e irrespeto al orden jurídico y al estado de derecho.

La suprema corte de justicia ha demostrado que si no tenemos cuidado podríamos estar bien encaminados hacia una dictadura...

11-12-08. El estado de derecho.

Diciembre 11, 2008

Cada vez que se habla de "Estados fallidos" y se menciona a la Republica Dominicana entre ese grupo. Escuchamos al mismo grupo de "patriotas" ladrando y bufando contra esos malditos organismos imperialistas que se atreven a colocarnos en esa lista. Se oyen las voces indignadas y los cuestionamientos sobre el derecho de los mismos a colocarnos en listas de tan infame reputación.

Independientemente de la posible validez de esos alegatos. (La falta de calidad de quienes los plantean no necesariamente invalida los argumentos) Debemos preguntarnos a veces, ¿En que se basan esos organismos para evaluar e ingresar países a esas listas? ¿Cuales son los incidentes que nos colocan en tan "privilegiados" lugares en esas listas?

El día de hoy queremos responder, de forma muy parcial y limitada esa pregunta: Una de las principales razones se llama "estado de derecho"...

¿Qué es el estado de derecho?

El estado de derecho es la situación en la que en un Estado determinado se respetan las leyes vigentes. En las que esencialmente las autoridades se rigen, obedecen y se someten al derecho y al orden jurídicamente establecido.

Cuando las autoridades violan las normas e irrespetan los derechos y el proceso de ley, no hay estado de derecho.

Las autoridades están llamadas a dar el ejemplo y someterse a las disposiciones de la ley y las sentencias de los tribunales.

En los últimos meses hemos visto, como, en coherencia con la política insaciable del gobierno de hacerse de todos los fondos posibles, racional o irracionalmente, licita o ilícitamente. La Superintendencia de Salud y Riesgos Laborales, ha venido queriendo imponer una decisión de obligar a todos los empleados públicos a afiliarse a la administradora pública, SENASA.

A pesar de que varios tribunales han fallado en contra de la Superintendencia, esta sigue resistiéndose a acatar la decisión del tribunal. La autoridad se resiste a acatar la norma jurídica basada únicamente en su situación de poder.

Si agregamos a ese caso, la violación constitucional en el caso de la Sun Land, la violación a la leyes presupuestales de educación, salud publica, La UASD, los ayuntamientos, la violación a las leyes de contrataciones publicas, a la ley de hidrocarburos y las violaciones alegres y descaradas por parte de funcionarios a las leyes y a los derechos adquiridos de los ciudadanos, tenemos que concluir que difícilmente podemos reivindicar un estado de derecho...

Después nos preguntamos porque nos catalogan como Estado fallido...

10-12-08. El respeto a lo ajeno. La tragedia de los fondos de pensiones...

Diciembre 10, 2008

Un aspecto que no tocamos ayer sobre el discurso del presidente, por considerar que era algo para un tema aparte, es la intención del presidente con respecto a los fondos de pensiones.

La utilización de los fondos de pensiones es una campaña que se viene orquestando desde hace mucho. Nos referimos hace unas semanas a como el Banco Central ya había captado alrededor del 40% de esos fondos a los fines de lograr la estabilidad monetaria ante el fracaso en las colocaciones de certificados de depósitos. (ya unas 4 han sido declaradas desiertas) Advertimos también cuando se hizo evidente que los fondos estaban siendo utilizados hace casi dos meses. Pero la campaña ahora parece entrar en otra etapa.

El gobierno ha hablado de bonos por unos US$2000 millones de dólares, pero todo el que sabe algo de la situación internacional sabe que la colocación de los mismos es casi imposible. A pesar de eso, el presidente Fernández está empecinado con proyectos irrealizables con fondos públicos, como la línea 2 del metro y el tren Santiago-Santo Domingo. Estos proyectos costarían decenas de miles de millones que el gobierno no tiene y no puede conseguir lícitamente. Es por eso que volvemos a la discusión de los fondos de pensiones.

Ya escuchamos voces abogando por la utilización de los fondos de pensiones, bajo argumentos tan patéticos como que "no se puede tener todo ese dinero ahí ocioso estando en medio de una crisis".

El gobierno ya ha dado uso a esos fondos, como ya hemos dicho, para fines de política monetaria, pero al parecer, ya eso no es suficiente. Se quiere accesar a los fondos de forma directa para obras de "infraestructura y proyectos de vivienda". Este tipo de proyectos no son proyectos rentables como los que deben ser objeto de los fondos de pensiones.

Pero persiste la confusión. ¿Es que nadie entiende que los fondos de pensiones no son dinero del gobierno o del Estado? Los fondos de pensiones son cuentas de ahorros individualizadas para fines de retiro. ¿Por qué nadie habla de los miles de millones en las asociaciones de ahorros y prestamos y se propone utilizar esos fondos? ¡Pues porque son los fondos de los ahorrantes y a nadie se le ocurriría utilizar fondos privados!! ¡Los fondos de pensiones son también fondos privados! Son fondos que aportan los individuos a sus cuentas todos los meses para engrosar sus cuentas de retiros. No son fondos públicos y el gobierno no tiene derecho a utilizarlos para fines que ya financiamos con nuestros impuestos.

El gobierno ya ha propuesto utilizar esos fondos en el pasado y ha encontrado una firme oposición y agrios recordatorios. El día de ayer el PRD anunció su oposición a esos planes en virtud de que <u>son fondos privados</u>. El artículo 13 de nuestra constitución consagra el derecho a la propiedad y es un derecho que ha sido pilar de todas las sociedades democráticas. ¿Qué puede este precedente representar en el futuro? ¿Qué viene luego? ¿los ahorros bancarios?

Con el congreso para el progreso que nos gastamos, solo nos queda orar porque el dinero que hemos ahorrado forzosamente no sea graciosamente dilapidado por un troglodita que está dispuesto hasta a olvidar el _respeto a lo ajeno_ en su afán insaciable de gastar sin medida.

2-12-08. Republica Dominicana. ¿Estado Laico?

Diciembre 2, 2008

El día de hoy, deseamos abordar una de esas confusiones que con frecuencia se escuchan en la prensa. Esta particularmente lo hemos escuchado con más asiduidad recientemente por los conflictos a los que ya nos hemos referido entre grupos evangélicos y la Iglesia Católica.

¿A que nos referimos? Nos referimos al concepto de que la Republica Dominicana es un Estado laico. Este enunciado es uno de los que fueron utilizados para combatir el Concordato entre el Vaticano y la Republica Dominicana y nos parece interesante realizar la aclaración, pues hemos inclusive escuchado que nuestra constitución establece que la Republica Dominicana es un Estado laico.

Lo primero que debemos aclarar es que la palabra laico no aparece en nuestra constitución vigente, por lo que cualquier alegato en esos términos es incorrecto en el mejor de los casos, posiblemente mal intencionado.

Lo que la constitución establece en su articulo 8 numeral 8 es "...la libertad de conciencia y de cultos, con sujeción al orden público y respecto a las buenas costumbres..." lo cual significa que ni siquiera existe en nuestro país una libertad de culto absoluta, pues si el culto no se corresponde con las buenas costumbres no estaría amparado en la constitución de la republica.

El articulo 3 de la constitución establece que "...la República Dominicana reconoce y aplica las normas del Derecho Internacional general... en la medida en que sus poderes públicos las hayan adoptado..." es decir, que una convención internacional, instrumento reconocido por el derecho internacional universal, una vez aprobada por el congreso (poder publico), es parte de nuestro cuerpo legal.

El concordato, acuerdo internacional entre la Santa Sede y el Estado Dominicana firmado el de Junio de 1954 y confirmado este mismo año establece en su articulo primero que "...La Religión Católica, Apostólica, Romana sigue siendo la de la Nación

Dominicana y gozará de los derechos y de las prerrogativas que le corresponden en conformidad con la Ley Divina y el Derecho Canónico..." Nótese que no se establece la religión católica como la religión oficial, sino que meramente se reconoce que lo seguirá siendo.

Resulta interesante que "un Estado laico" tenga como juramento para toma de posesión del presidente uno que comience con: "...juro por Dios..." (Art. 54 Constitución de la Republica Dominicana) y que tenga un escudo de armas con un lema que ponga a Dios aun antes que la patria "Dios, Patria y Libertad" (Art. 96 Constitución de la Republica Dominicana)

La realidad es que los ideólogos de la patria eran personas con profundas creencias religiosas, que no pensaron en un Estado laico, sino más bien en un Estado con una inspiración decididamente religiosa. El lema de nuestro escudo de armas y el juramento trinitario ("...En nombre de la Santísima, Augustísima e indivisible Trinidad de Dios Omnipotente...") son solo algunas pruebas de esto. Quien este familiarizado con el ideario Duartiano sabe que esto es innegable.

El Estado Dominicano es un Estado cristiano católico con libertad de conciencia y de culto para todas las demás denominaciones cristianas y religiones no cristianas. Eso es lo que dicen nuestras leyes, la sustantiva y las adjetivas y eso es lo que el espíritu de las mismas plantea. Lo demás es querer forzar el mingo...

29-10-08. Los esfuerzos desesperados del que se ahoga.

Octubre 29, 2008

Como hemos venido diciendo, la elecciones en los Estados Unidos ya están decididas, y el miércoles que viene estaremos enterándonos por los periódicos de que Barack Obama es el presidente electo de los Estados Unidos.

Cualquiera pensaría que la conciencia de que las elecciones se perdieron provocarían que el partido republicano tratara de perderlas con cierta dignidad. Sin embargo, lo que hemos observado es la profundización de la campaña sucia, de los argumentos irrelevantes y de los recursos mas dañinos para el partido republicano que al mismo partido demócrata.

La insistencia en recalcar las declaraciones racistas de John

Murtha, representante de Pensilvania, la utilización de la patética figura de "Joe the plumber" que desde su salida al ruedo sonaba republicano y que ahora ha apoyado a McCain públicamente, la utilización de la "pit bull" Sarah Palin entre otras cosas solo confirman que la lucha esta perdida. Los anuncios que piden "no entregar un cheque en blanco a Obama" solo confirman la derrota.

¿Cosas buenas? Solo quedan 5 días, Obama tiene inmensamente mas fondos que McCain, las encuestas favorecen a Obama hasta en estados tradicionalmente republicanos como Virginia y Carolina del Norte, la campaña sucia se les ha revertido a los republicanos, las votaciones anticipadas indican un votación record, las tendencias solo se han acentuado a favor de Obama.

Anoten esto. Obama ganara las elecciones. Las ganara con mas de 300 votos electorales. Quizás con mas de 350. En 5 días verán si nos equivocamos.

Nota: Una semana despues de este articulo Obama gano con una abrumadora mayoria de 365 votos electorales.

¿Qué pasara el martes 4 de noviembre? Elecciones en los Estados Unidos

Octubre 28, 2008

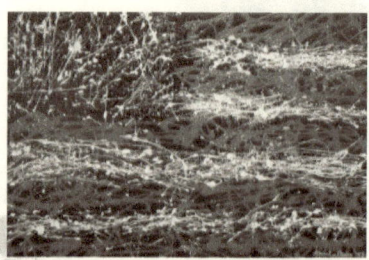

A pesar de que muchos, sobre todo demócratas, plantean que las elecciones no se habrán ganado hasta que ya estén en la Casa Blanca, y hacen bien, la realidad, a nuestro entender, es que las cosas ya están definidas.

Muchos detalles nos indican que ese es el caso. Sarah Palin, candidata vicepresidencial ya ha sido definida por miembros del equipo mismo de McCain, como una "diva" que solo piensa en ella misma. Las riñas internas y el hecho de que se estén haciendo públicas dice mucho.

La campaña que ya se ha comenzado en varios estados, en la que se insta a los votantes a no "otorgar un cheque en blanco a Obama", refiriéndose a la posibilidad de que Obama gane no solo la presidencia, sino también el numero de senadores necesario para no ser bloqueado en sus propuestas, dice que ya el partido republicano ha comenzado el "modo de supervivencia" y solo esta tratando de que las perdidas, que todos saben que ocurrirán, sean lo menos dolorosas y profundas posibles.

Pero la pregunta es. ¿Qué ocurrirá el 4 de noviembre? Si John McCain pierde Pensilvania, Ohio, Florida, Virginia y Carolina del Norte su derrota es inevitable. En todos esos estados Obama esta en la delantera en las encuestas y todos, con la excepción de Ohio, están en la costa este, Ohio esta cerca de la costa este.

Lo que esto significa es que temprano, a eso de las 8-9 de la noche ya sabremos los resultados de las elecciones en esos estados.

Nuestra predicción es que antes de las 11 PM ya alguna cadena se habrá atrevido a proyectar a Obama ganador. Quizás antes.

El proceso a Salvador Jorge Blanco.

Octubre 23, 2008

El día de hoy tomamos un tema a petición de algunos de nuestros lectores y miembros.

Primero que todo debemos aclarar que no es nuestro objetivo "defender a Salvador Jorge Blanco" sino mas bien tratar de explicar el caso a algunos lectores jóvenes que no vivieron la época, que no conocen el caso y que no entienden como terminó y porque terminó como terminó.

También queremos aclarar que si bien es cierto que Salvador asumió el poder en medio con un liderazgo muy fuerte, y una victoria avasallante en las elecciones, no somos seguidores de el. No podíamos serlo tampoco. No somos tan viejos.

La realidad es que Jorge Blanco hizo un gobierno en el que se hicieron importantes reformas económicas estructurales y en el que se hicieron fundamentales obras de infraestructura vial, educativa y de salud.

Su gobierno también fue quizás el primero en el que se hablo de corrupción de forma generalizada y alarmante. Muchos personajes sombríos tuvieron un protagonismo inapropiado.

Hablando ya de forma específica del caso de Jorge Blanco podemos decir que a nuestro entender fue un caso sumamente viciado desde un principio. Fue un caso político desde su estructuración.

Jorge Blanco era el único líder político que amenazaba la permanencia en el poder de Balaguer. Balaguer sabia que volver al poder le había costado 8 años (1978-1986) y que solo se había rehabilitado por la crisis económica que abatía al país a la sazón. Sabia que como la crisis era en parte consecuencia de la crisis de los 80's Jorge Blanco podría fácilmente volver a disputarle el poder, quizás de forma exitosa, en cuatro años.

Lo primero es que quien inicia el proceso, con una figura jurídica desconocida "demanda-querella" es un enemigo personal de Jorge Blanco (Y al dia de hoy difamador convicto) : Marino Vinicio Castillo. Primer vicio, pues en todo caso eso era atribución del ministerio publico. Pero no solo es el quien inicia el proceso, también se le permite a el que sea quien interrogue de forma personal a los implicados, segundo vicio. El juez del caso, Juan María Severino, era un expolicía que además era también enemigo personal de Jorge Blanco.

La barra de la defensa de Jorge Blanco recuso a este juez por estos motivos. El juez no solo no se inhibió, sino que se quedo allí, a sabiendas de que no era correcto. Tercer vicio. A esto se agrega el rechazo de todos los recursos, pues en aquel entonces la justicia estaba en manos de Balaguer. La justicia en manos de Contin Aybar trae macabros recuerdos. Cuarto vicio.

En estas circunstancias Jorge Blanco no hizo el más digno de los papeles. Dejo que se juzgara a sus funcionarios y luego, presentando unos problemas de salud que muchos dudaron a la sazón, salio del país. Algunos de sus funcionarios se dieron a la fuga y el PRD, no defendiéndolo, contribuyo a su propio debilitamiento, asegurando una oposición de 14 años.

Cuando finalmente volvió al país, Jorge Blanco sufrió la continuación de la persecución y finalmente fue condenado a 20 años. Una sentencia preparada en una oficina de abogados fue leída por un juez que se durmió durante los interrogatorios. Algunos juristas opinan que el la estrategia jurídica debió ser asumir todas las responsabilidades, liberando a sus funcionarios y escudarse en sus atribuciones constitucionales para hacer y tomar las decisiones que se cuestionaban (El caso era supuestamente por sobrevaluación en algunas compras)

El caso no murió sino que siguió el proceso normal, apelación y casación. Fue la suprema corte de justicia de Subero Isa la que finalmente conoció de la casación del caso. No es la suprema de Subero una suprema corte perfecta, pero esta a años luz de lo que fue la suprema corte anterior. La suprema finalmente anulo el caso por violaciones flagrantes y groseras al debido proceso.

El mismo Balaguer admitió en sus últimos años que lamentaba el caso de Salvador Jorge Blanco.

Jorge Blanco no fue un presidente perfecto, no aseguramos ni siquiera que haya sido uno bueno. De lo que si estamos convencidos es que su caso fue político, sucio y corrompido hasta los tuétanos.

El "efecto Bradley". Cuando las campañas electorales caen en lo patético.

Octubre 15, 2008

En las últimas semanas hemos estado pronosticando que Barack Obama, salvo que ocurra alguna tragedia, será el próximo presidente de los Estados Unidos.

La campaña del senador McCain luce desorganizada y deslumbrada. Una candidata vicepresidencial claramente sub-calificada ha estado dando declaraciones que no han hecho otra cosa que no sea hundir más las aspiraciones de John McCain, muchas veces inclusive contradiciendo al candidato presidencial.

La situación económica y lo errática que ha sido la campaña en las últimas semanas ha hecho que la dirección de campaña de McCain, ahora manejada por los acólitos del presidente Bush, uno de los más impopulares presidentes de los Estados Unidos en su historia, haya comenzado a llevar la campaña hacia un nivel de negatividad (aquí le llamamos campaña sucia) que comienza a ser contraproducente.

La campaña de Barack Obama, que por el contrario si ha sido una campaña disciplinada y coherente, no ha permitido que los saquen del tema. Se han mantenido en el tema que todas las encuestas dicen el más importante para el electorado norteamericano: La economía. Y es el tema que McCain quiere evitar, porque es el tema que mas daño le hace. La población lo asocia con el mandato de Bush.

Es asociación no es completamente injusta. El presidente Bush es de su partido. El ha apoyado en más de un 90% las políticas de Bush. Los republicanos y particularmente McCain, son defensores del libre mercado y la desregulación, considerados en gran medida los culpables de la crisis actual.

La última que hemos escuchado es la conversación sobre "el efecto Bradley". No importa que el llamado efecto no se haya observado en los últimos 20 años. Vale la pena explicar lo que es.

El efecto Bradley o efecto Wilder toma su nombre de una vez alcalde de Los Ángeles Tom Bradley, quien a pesar de ser el favorito en las encuestas para las elecciones para gobernador del estado de California en el 1982, perdió las elecciones. Se atribuye el efecto a que muchos votantes blancos dicen que votaran por el candidato negro, para no parecer racistas, y terminan votando por el candidato blanco, por un sentimiento de racismo oculto.

En los últimos 20 años no se ha observado este fenómeno, por lo que parece poco lógico hablar de este fenómeno. Algunos incluso hablan de un "efecto Bradley invertido", según el cual muchos votantes negros que dicen votaran por McCain terminarían votando por Obama.

La realidad es que hablar a estas alturas de que McCain tiene posibilidades porque todas las encuestas se equivocan, nos parece un recurso un poco patético...

La urgencia de la reforma constitucional

Octubre 14, 2008

Acostumbrados a las cortinas de humo y a la manipulación tan perversa como habitual de los medios de comunicación y de la opinión publica debemos reconocer que nos ha tomado algo de tiempo hastiarnos del tema de la reforma y hacer algunas reflexiones.

A cualquiera que sea susceptible de la influencia que la manipulación de los medios, tan común en los gobiernos del PLD, tiene sobre la población, sin duda le parecería que realmente, basados en lo que hemos leído en los últimos meses, la reforma constitucional es verdaderamente urgente. Parecería que la única razón por la que el país no sale de su atraso es porque no se ha llevado a cabo la reforma.

Nos preguntamos

¿Resolverá la reforma los problemas de desigualdad social que agobia nuestra sociedad?

¿Resolverá la reforma el problema de inversión en el sector educación?

¿Con la reforma tendremos finalmente bachilleres de calidad?

¿Tendremos escuelas con baños limpios y profesores bien pagados?

¿La reforma obligara a la suprema corte de justicia a fallar el caso de la Sun Land?

¿Prevendrá que un gobierno destine recursos ilimitados a un proyecto sin planificación como el metro?

¿Significara que nadie morirá en un hospital por falta de materiales gastables y medicamentos básicos?

¿dejaran de parir las mujeres en los pisos de los hospitales?

¿Se invertirá el 4% del PIB en educación y el 4% del PIB en salud?

¿Dejaran los funcionarios de ganar mas de 300 veces del salario mínimo?

¿Dejaran los funcionarios la prepotencia y la corrupción generalizada?

¿Hará la reforma que los policías dejen de ejecutar delincuentes?

¿Generara la reforma los empleos que hacen falta?

¿Va la reforma a dar la seguridad social que necesitamos, para que los trabajadores tengan un retiro digno?

¿La reforma tapara los hoyos de las calles, y arreglara los semáforos y educara a los AMETS para que no sean abusadores?

¿Va la reforma a educar a los choferes de carros y guaguas publicas?

¿Resolverá la reforma los problemas del transporte público? ¿Tendrá la población una educación política y cívica por la reforma?

Se nos ocurren decenas de preguntas como estas, pero la que más nos agobia es esta:

¿Y aun si la reforma nos trajera todo eso, quien diablo nos garantiza que se cumpla la nueva constitución una vez aprobada?

Los "juristas ilustres". La irretroactividad de la constitución y las leyes.

Septiembre 19, 2008

Con frecuencia nos sorprendemos con opiniones de "juristas ilustres", cuasi pro-hombres de los que nadie duda en el aspecto profesional en nuestra sociedad. Nuestra sorpresa se da por "opiniones jurídicas" que hasta un estudiante de derecho puede entender son irracionales y a veces hasta meramente estúpidas.

Éticamente, cuando a una oficina de abogados se le solicita una opinión jurídica, esta oficina pone un precio a la investigación y opinión y luego de una investigación a fondo, da la opinión de la oficina, basada en la investigación legal, jurisprudencial y doctrinal.

Lo que sucede de hecho es que por "un módico cargo" se pide, como se pide del menú de un restaurante, la opinión que se desea "de" la oficina de abogados. Mientras mas descabellada es la opinión, mas sube el costo, lógicamente.

No pudimos evitar pensar en esta realidad cuando recientemente escuchamos la opinión de uno de esos juristas ilustres, que no necesariamente ilustra la practica que hemos explicado, pero que si cumple con lo que decíamos en principio, de dar una opinión incomprensible, viniendo de un "jurista ilustre".

Decía Jottin Cury, que el presidente Hipólito Mejía, habiendo jurado por la constitución que prohibía la reelección (La constitución del 1994) no podía aspirar a la reelección y que lo hizo en violación a la ley. También que Leonel Fernández, "que había sido su alumno y lo sabia bien" no podía aspirar a una nueva reelección pues la constitución por la que el juro solo permite una reelección (la actual) y por lo tanto aun se modificara la constitución, no podría aspirar.

Es interesante como un concepto tan básico y fundamental es confundido por un jurista tan prestante. No podemos poner toda la carga sobre el, porque en honor a la verdad, hemos escuchado este tipo de opinión de otros "juristas ilustres".

Cuando se aprueba una nueva constitución no puede esperarse que la anterior siga rigiendo. Salvo posibles casos de derechos adquiridos, lo cual es raro en casos constitucionales, pues es una ley sustantiva, la ley no es retroactiva salvo cuando favorece al reo (Penal). Es por esto, que una vez aprobada una nueva constitución, lo anterior no tiene fuerza ejecutoria, es como pretender que una ley derogada siga teniendo fuerza ejecutoria (De nuevo, entendemos la excepción del caso de derechos adquiridos)

Por si alguien no termina de entender la ilogicidad y la irracionalidad de esta idea debemos recordar que el presidente no solo jura defender la constitución, sino también las leyes de la republica. ¿Significa eso que si una ley declara delito o crimen alguna infracción el presidente se negara a acatar la nueva ley en virtud de que juro por una anterior? Es verdaderamente descabellado. Un verdadero disparate.

El presidente jura defender la constitución y las leyes en el sentido lato. Jura defender la constitución y las leyes VIGENTES, no tomar partido por leyes especificas. Eso seria el caos jurídico...

Todavía quedamos indios: La falacia de la formula de la ley de hidrocarburos.

Septiembre 17, 2008

Ya en un artículo anterior (1-8-2008) nos habíamos referido a la discrepancia enorme que había entre el precio de los combustibles y los precios que tuvieron anteriormente cuando el precio del petróleo era el mismo. En aquel entonces la diferencia andaba por unos 18 pesos. Recordamos que en esa semana ese fue un tema sumamente candente y se generó tanta presión que los "pitbulls tributarios" del PLD, esos mismos que andan con equipos SWATS aterrorizando a los contribuyentes, tuvieron que ceder y hacer una reducción de los combustibles de unos 8 pesos. (Nótese que la diferencia se mantuvo en unos 10 pesos)

En aquella ocasión el entonces secretario de industria y comercio, Melanio Paredes, admitió que la rebaja debió ser mayor, pero que "estaban ajustando el subsidio" y que posiblemente en los próximos días habría mas rebajas. Traducción: Caramelito para los retrasados mentales, nos estamos cogiendo el dinero y violando la ley.

En el día de hoy y ante las rebajas dramáticas que el petróleo ha tenido en la última semana y la rebaja ridícula que hubo en el mercado nacional, sentimos la obligación de abordar de nuevo el tema.

En el día de hoy el petróleo se ha cotizado en promedio a unos novena y dos dólares. Conste que ha llegado hasta noventa y uno pero tomaremos el precio de 92.93 dólares por barril, el precio al que se cotiza en este momento. La última vez que el petróleo anduvo por esos lares fue el 19 de Octubre del año pasado cuando subió a 90.02. En ese entonces la gasolina regular costaba 142.80 y la Premium 154.20. Si notamos, la diferencia es de 42.5 pesos en la Premium y de 44.2 en la regular.

Hemos hecho un ajuste por la tasa del dólar que en ese entonces era de 33.50 mientras ahora es 34.97 según cifras del Banco Central. También hemos ajustado por la diferencia de precios entre 90.02 y 92.93. La diferencia entre el precio ajustado por estas dos variables (Las únicas que pueden determinar alguna diferencia) es la siguiente: 29.84 pesos en la Premium y 33.13 pesos en la regular. Unos treinta pesos por galón es lo que los técnicos llamamos "todos los cuartos del mundo mas dos pesos".

De hecho, los estimados sobre consumo de gasolina hablan de unos 350 millones de galones de gasolina por año. Esto representa alrededor de un millón de galones de gasolina diarios es decir que el gobierno se queda con unos 30 millones de pesos diarios solo por concepto de esta distorsión. Cerca de mil millones mensuales. Unos 11,000 millones anuales: "todos los cuartos del mundo mas dos pesos"...

Oiremos todo tipo de explicaciones y excusas pero la realidad es que a menos que se dispongan rebajas de unos treinta pesos en ambas gasolinas este viernes tendremos la confirmación de lo que ya todos sabemos...

Recuerdo cuando joven como mi padre me decía de la sangre indígena que corría por nuestras venas y el orgullo que me producía. No pude evitar rechinar los dientes al pensar que "todavía quedamos indios"...

Fuentes: Secretaria de Estado de Industria y Comercio y Banco Central. Nota: Este articulo lo escribimos ayer cuando el petróleo se cotizaba en la bolsa a 92, pero el petróleo finalmente cerró a 91, lo cual aumenta el margen en cada una de las gasolinas en mas de 3 pesos. Unos 36 y 32 pesos de diferencia aproximadamente.

La famosa "presión fiscal"

Septiembre 9, 2008

Cada vez que el gobierno del PLD entiende que el dinero que recibe no es suficiente y que necesita subir los impuestos escuchamos de "lo baja que es la presión fiscal" en la Republica Dominicana y de lo mucho que todavía resiste la economía una nueva alza en los impuestos.

Lo penoso y difícil para la clase media, que siempre paga los platos rotos, es que con el PLD es algo cíclico. Leonel Fernández simplemente no sabe como se controla el gasto. Leonel Fernández siempre gasta más de lo presupuestado y cuando eso llega a niveles críticos sube los impuestos y comienza el ciclo de nuevo. Es por eso que la clase media solo ha visto reducirse su poder adquisitivo y acercarse a niveles de pobreza.

Pero en el día de hoy queremos referirnos a esa "presión fiscal" "tan baja" de la que tanto hablan los "técnicos" peledeísta y las bocinas pagadas, alias periodistas, por radio y televisión.

Se dice que la presión fiscal en la Republica Dominicana es de un 16%-17%. Lo primero es que no es cierto. Analistas independientes coinciden en que la presión fiscal en la Republica Dominicana hace mucho que pasó de un 20%. Cuando se compara con países desarrollados que tienen presiones fiscales muchas veces superiores al 30% ciertamente es muy baja. A pesar de eso, en esos países no se oyen quejas demasiado importantes con relación a los altos impuestos. ¿Qué pasa con los dominicanos? ¿Por qué no entendemos que hay que pagar altos impuestos para desarrollarnos?

Lo que pasa en la Republica Dominicana y lo que pasa con los dominicanos, sobre todo los de clase media es que tienen que pagar un impuesto mucho más alto que muchos de esos países desarrollados en la gasolina, a pesar de tener ingresos mucho menores. ¿Y eso? ¿No se cuenta en la presión fiscal?

Lo que pasa con nosotros es que las escuelas públicas no sirven y tenemos que gastar en escuelas privadas y en útiles escolares cantidades alarmantes de dinero, sin que nadie se preocupe de controlar las tarifas ni los cambios constantes de libros. En esos países los sistemas escolares públicos permiten a la clase media enviar sus hijos a las escuelas.

Lo que sucede es que en nuestro país los hospitales públicos son carnicerías, con honrosas excepciones. Tenemos que soportar deducciones de nuestros salarios para tener acceso a clínicas privadas en las que tenemos que pagar diferencias, medicamentos, material gastable, etc. En esos países las personas no saben lo que es eso, pues el Estado cubre los gastos médicos.

Lo que sucede en nuestro país es que tenemos que pagar una de las tarifas más altas por la energía eléctrica que se haya visto. Nadie sabe el costo de generación, pues se armaría una revuelta, y la clase media tiene que soportar un costo que incluye las perdidas por los pobres y los ricos que no pagan. Las empresas tienen un doble costo, pues se les cobra una energía no servida y cara y también hay que comprar planta, darle mantenimiento y comprar gasoil.

Lo que sucede en este país es que hay que dejar el pellejo todos los días, porque el que llega a 60 sin tener ahorrado con que vivir, debe suicidarse, porque no hay seguridad social que le garantice a esa persona un retiro digno, mientras en esos países los ciudadanos tienen ese derecho garantizado. Lo último es que las deducciones que nos hacen de nuestros salarios y que es nuestro dinero, también quiere ser utilizado por el gobierno para hacer cosas que deberían hacer con nuestros impuestos, que son muchos.

Lo que sucede es que mientras nos dicen que no hay dinero para salud y educación y se invierte menos del 2% en educación, se utilizan 50,000 millones para un metro.

Lo que sucede es que mientras en otros países con "presiones fiscales más altas" las personas con incapacidades mentales o físicas son mantenidos por el Estado, en nuestro país se mantienen de las limosnas de la clase media.

Lo que pasa es que en esos países no hay que cambiar gomas, amortiguadores, alinear y balancear cada tres meses por las malas condiciones de las calles, porque las calles están en buen estado. En esos paises tampoco hay que pagar "guachimanes" porque el Estado garantiza seguridad publica. Ni hay que pagarle a "un tiguere" para que se lleve la basura.

Lo que pasa es que en esos países una persona tiene un empleo que le permite vivir dignamente y no tres empleos para subsistir.

Lo que pasa en esos países es que los funcionarios que se compran casas de lujo, vehículos de lujo, etc. Y no pueden justificarlo plenamente con sus ingresos saben que les espera una fría celda, mientras en la Republica Dominicana el funcionario que no lo hace es visto como un tonto y "antichévere".

Lo que pasa en esos países es que los organismos reguladores financieros no se manejan políticamente y nadie duda de sus números.

La realidad es que la Republica Dominicana tiene una de las presiones fiscales más altas del mundo, la realidad es que no aguantamos mas, la realidad es que el gobierno no lo entiende, la realidad es que probablemente cuando lo entienda sea muy tarde.

La paciencia no es eterna...

Se acaba el agua...

Agosto 25, 2008

Un estudio realizado en la Universidad de Columbia en la ciudad de Nueva York ha concluido que la República Dominicana enfrentara una gran crisis de agua fresca debido al cambio climático.

El estudio utilizo proyecciones del Panel Intergubernamental sobre Cambio Climático y el Programa de Desarrollo de las Naciones Unidas para determinar la disponibilidad de agua fresca per cápita, en metros cúbicos, a lo largo de este siglo.

El estudio concluyó que debido a una reducción de 20% en la precipitación anual, un aumento en la evapotranspiración de dos kilómetros cúbicos anuales a finales del siglo, y un aumento en la población Dominicana de casi 50% a mediados del siglo, la disponibilidad de agua fresca per cápita se reducirá de 2,200 metros cúbicos hoy a menos de 400 metros cúbicos en 2100.

Esta cifra está muy por debajo del nivel de escasez de agua de 1,000 metros cúbicos per cápita. "La República Dominicana debe de tomar medidas inmediatas para planificar para el largo plazo, debido a que la disponibilidad de agua fresca se reducirá en 85% a finales del siglo, con impactos severos también ocurriendo a mediano plazo," informo Carlos Rymer, estudiante Dominicano posgrado de la Universidad de Columbia y autor principal del estudio. "Estas proyecciones coinciden con el plan del presente gobierno Dominicano de convertir a la República Dominicana en el 'granero' del Caribe, cuando el sector agrícola ya es responsable por más del 70% del uso del agua fresca en el país."

El estudio recomienda la aprobación de una ley que rija el manejo sostenible y colaborativo de los recursos hídricos, con miras hacia un plan de adaptación que incluya la conservación en el sector agrícola y las zonas urbanas, la desalinización de agua salada para uso domestico, la protección de cuencas hidrográficas, y el uso de variedades de cultivos que sean resistentes a la sequia.

El estudio coincide con planes de enfrentar la crisis alimentaria con el incremento de la producción agrícola, la cual incrementara el uso de agua fresca en las siguientes décadas mientras su disponibilidad se reduce drásticamente. Ya se están viendo estos efectos con la sequia que afecta al país, la cual ha conducido a la reducción de la irrigación y la producción hidroeléctrica.

La historia esta juzgando a Balaguer

Agosto 22, 2008

Siempre se dijo que la historia juzgaría a Balaguer.

Al terminar su vida y como resultado de algunas actuaciones políticas correctas en los últimos tiempos, Balaguer quedo con una imagen que no era mala.

Como resultado del fracaso de los últimos gobiernos, la percepción de que Balaguer hizo buenos gobiernos se había venido afianzando.

Hay que reconocer que los gobiernos de Balaguer fueron pocos dados al endeudamiento externo, que la situación económica era relativamente estable y que construyo la mayor parte de la infraestructura nacional.

Habiendo reconocido esto debemos también decir que Balaguer es responsable de la eliminación física de una generación de líderes, de jóvenes brillantes. Nunca podremos apreciar lo que esa perdida ha significado para nuestro país. Balaguer es también en gran parte responsable del maldito clientelismo que lleva en la sangre el pueblo dominicano. Balaguer es responsable de la cultura "del dao". Es responsable de la cultura del "dame lo mío" y de la de "lo mío adelante". Es culpable de la corrupción generalizada que el aupó y sustentó.

Balaguer es uno de los principales responsables del estado de putrefacción en que se encuentra nuestro país social y políticamente.

La historia comienza a juzgarlo y lo hemos visto en los últimos días en la forma desvergonzada, descarada, repugnante y vil en que se han ido vendiendo los pocos que quedaban.

El más grande legado de Balaguer, el Partido Reformista, tiene los días contados...

El fenómeno Obama: Elecciones en los Estados Unidos 2008 (II)

Agosto 19, 2008

En el día de ayer comenzamos a analizar el fenómeno Obama y tratamos básicamente los aspectos que dificultan el éxito de la candidatura de John McCain. Hoy continuamos con los elementos que favorecen a Obama.

A nuestro entender hay dos factores que son probablemente los más importantes a favor de Obama: El carisma y la capacidad para captación de recursos que tiene su candidatura.

La candidatura de Obama tuvo la capacidad de vencer a la que parecía una candidatura invencible: La de Hillary Clinton. El mismo Al Gore, luego de recibir en un mismo año el Oscar y el premio Nóbel de la paz, desistió de sus aspiraciones por la percepción de que Hillary era indetenible. La candidatura de Obama no solo logró prender entre los jóvenes y los independientes, sino que logró la base más amplia de donantes jamás vista y rompió récords en recaudaciones. Fue una campaña agresiva, inteligente y muy bien financiada. Al final, llevo a Hillary contra la pared y ocurrió lo impensable al comienzo de la campaña: se convirtió en el virtual candidato demócrata.

Luego está el tema del carisma. Obama es un orador verdaderamente impresionante y esa ha sido la gran diferencia. Ha logrado llegar a aquellos votantes que nadie había podido. La convención demócrata logró integrar una cantidad enorme de votantes independientes y apáticos. Eso se le puede agradecer a Obama.

Los medios parecen estar enamorados de Obama y todo se

resume en un punto: Obama genera mayores ratings. McCain está en evidente desventaja. Su campaña parece no encontrar la forma de contrarrestar este inconveniente.

Obama ha logrado mantener una ventaja de 5-7% en las encuestas en promedio a nivel nacional. Y todavía no comienzan los debates. Cuando comiencen los debates y Obama se haga dueño del escenario ante un McCain débil y errático (como ha sido hasta ahora cuando habla) los resultados son predecibles.

Finalmente, está el asunto electoral. Actualmente Obama cuenta, según las encuestas, con unos 221 delegados electorales, (270 necesarios para ganar la presidencia) mientras McCain cuenta con unos 189. Hay unos 128 que están indecisos en 11 estados. McCain necesitaría ganar el 63% de los delegados que están en juego para imponerse, cuando las encuestas solo le dan un 40%. Obama solo necesitaría un 38% cuando las encuestas le dan entre 45-47% de las preferencias.

Obama puede lograr la victoria con algunas combinaciones de pocos estados como: Florida, Ohio y Missouri (51 delegados) o bien Ohio, Michigan Colorado y Nevada (51) o alguna combinación de pequeños estados como Missouri, Iowa, Minnesota, New Hampshire, Virginia, Nevada y Nuevo México (51).

Ninguna de estas combinaciones es suficiente para McCain imponerse. McCain tendría que ganar prácticamente todos los estados que están en juego actualmente, a pesar de estar debajo por más de 5 puntos porcentuales en las encuestas. La ventaja de Obama sobre McCain probablemente se ampliará, haciendo aún más difíciles las perspectivas de McCain.

Todo parece indicar que a menos que ocurra algo totalmente inesperado, Estados Unidos estará eligiendo a su primer presidente negro en Noviembre de este año. El viento sopla a favor de Obama...

El fenómeno Obama: Elecciones en los Estados Unidos 2008

Agosto 18, 2008

Hace mucho que algunos lectores y amigos nos habían pedido abordar el tema de las elecciones en los Estados Unidos de America y el fenómeno político que Obama representa. La verdad es que con el ambiente nacional tan caldeado se nos había hecho un poco difícil sacar tiempo para abstraernos de la realidad nacional y hacer algún tipo de análisis del fenómeno.

Primero que todo debemos aclarar que simpatizamos con el senador Barack Obama y también que nuestra admiración viene de hace mucho. Hace unos cuatro años tuvimos el privilegio de escuchar el discurso de Barack Obama ante la convención demócrata que eligió a John Kerry. En aquella ocasión nos pareció tener un privilegio no común a nuestra generación. Fue como en los tiempos de Peña Gómez, cuando un discurso podía emocionar y crear esperanza. En aquel entonces estaba luchando por la senaduría de Illinois y a pesar de ya ser considerado uno de los políticos más interesantes y de las más importantes promesas del partido demócrata no se perfilaba como un candidato, por lo menos no antes de concluir su primer período como   senador.

No somos dados al sentimiento a flor de piel ni somos admiradores de la cotorra vacía como nuestros lectores sabrán bien, pero el caso de Obama es verdaderamente impresionante. Obama es una persona energizante, carismática y realmente diferente.

Independientemente de nuestra admiración por el candidato demócrata debemos decir que al considerar que las oportunidades de Obama en este otoño son inmejorables lo hacemos desde el punto de vista meramente objetivo.

Hemos tomado algunos puntos de análisis para probar lo que decimos. La popularidad del presidente Bush es actualmente una de las más bajas, sino la más baja en la historia de un presidente de los Estados Unidos. Siendo del partido republicano, eso definitivamente daña al candidato de su partido, John McCain.

Otro detalle que no ayuda es el escándalo de corrupción en el que esta involucrado el senador de Alaska Ted Stevens, que ha sido acusado formalmente de cargos de corrupción. Siendo también un funcionario republicano es un factor que también afecta no solo al candidato republicano, sino a todos los senadores y representantes que tienen elecciones en Noviembre. De hecho se ha estado hablando inclusive de la posibilidad de que el partido demócrata pueda lograr una mayoría 60-40 en el congreso lo que significaría que sería invulnerable a las maniobras o bloqueos de los republicanos. Es significa que el candidato demócrata no solo ganaría las elecciones, sino que tendría una oportunidad inigualable de lograr cambios significativos.

Un factor importante es el hecho de que el pueblo americano esta cansado de la guerra de Irak, del manejo poliquero e ineficiente de ese conflicto. Y es que ya se sabe que las causas fueron falsas, se sabe que el gobierno intimidó a personas que dieron a conocer ese hecho de forma oficial (El escándalo de la agente Valerie Plame y el embajador Wilson está vigente aun) se sabe que la fabricación de evidencia llegó a la oficina vicepresidencial y presidencial (Karl Rove, principal asesor político del presidente Bush tuvo que renunciar y todavía tiene problemas con la justicia) La gente está al tanto de que el problema en Afganistán ha empeorado y en las ultimas semanas han aumentado los ataques y las muertes en Afganistán. La guerra dejó de ser un factor a favor de los republicanos.

La economía de los Estados Unidos está en uno de sus peores momentos en décadas. Esa percepción de que la economía se daña en manos de los republicanos y el manejo negligente y poco eficiente está haciendo mucho daño a la candidatura de McCain. La crisis inmobiliaria, la de los mercados bursátiles, la del petróleo y la alimentaria son mucho más que lo que hizo falta para que Bush padre perdiera las elecciones de Bill Clinton, a pesar de ser un presidente en ejercicio con una de las tasas de popularidad más altas en la historia de los Estados Unidos.

Esta también el factor desgaste. El presidente Bush tiene ya ocho años en la Casa Blanca y el pueblo americano esta agotado no solo del presidente sino también del partido republicano.

El candidato republicano, a pesar de ser un héroe de guerra tiene dos factores que le hacen todavía más daño que los demás (Y es mucho decir), el problema de la edad y el del cáncer maligno de la piel que tuvo hace años. Muchos se preguntan si McCain está en capacidad de asumir el mando y si estará en plenas condiciones de salud en virtud de que con frecuencia es sometido a biopsias y exámenes. Esto no le ayuda en la preferencia del electorado.
En el día de mañana publicaremos la segunda parte del artículo...

Si estuviéramos en China.

Agosto 14, 2008

Con frecuencia escuchamos a muchas personas decir que en otros países las cosas funcionan mejor. Generalmente, quienes lo dicen piensan en Estados Unidos y Europa.

En el día de hoy quisimos hacer un ejercicio similar, pero en lugar de los Estados Unidos o Europa, entendimos más "satisfactorio" utilizar como ejemplo a la Republica Popular China (El ejercicio no tiene que ser carente de diversión) Nos preguntamos entonces como serían las cosas si estuviéramos en China.

Hemos escogido algunos ejemplos de lo que pasa en China para ver que pasaría si se hicieran allá las cosas que vemos que con tanta frecuencia pasan aquí:

Noviembre 2007. Diputado es sentenciado por haber sido involucrado en narcotráfico al confiscársele 339.5 gramos de heroína y 39.1 gramos de morfina que mezcló con té. ¿La sentencia? Pena de muerte.

Septiembre 2007. Banquero es sentenciado por haber recibido sobornos que llevaron a perdidas ascendentes a unos 66 millones de euros, equivalentes a unos 3,500 millones de pesos dominicanos. ¿La sentencia? Pena de muerte.

Mayo 2007. Encargado de control de fármacos es sentenciado por haber aceptado sobornos para el otorgamiento de licencias a productos que no cumplían con los estándares mínimos de calidad y seguridad. ¿La sentencia? Pena de muerte.

Todo esto nos trae a la memoria el caso aquel del trafico de chinos, a un secretario de Estado que dijo "que era mejor violar la ley y pagar la multa", pensamos también en los 55,000 millones de pesos que desaparecieron de un banco y en la leche sin los niveles apropiados de proteína que le están dando a los estudiantes en la Republica Dominicana y no podemos evitar preguntarnos:

¿Qué pasaría si estuviéramos en china?...

El sistema penitenciario, la criminalidad y la pena capital en la Republica Dominicana.

Agosto 13, 2008

El tema penitenciario, la criminalidad y la pena capital en la Republica Dominicana son temas muy amplios. Grandes preferidos para tesis de grado en las facultades de derecho en las Universidades de nuestro país. No es nuestro interés escribir una tesis, ni es este artículo producto de una profunda investigación, sino más bien un breve ensayo que quizás continuaremos luego. Es principalmente un intento de abrir un debate sobre estos temas. Entendemos que existe una gran necesidad de que eventualmente se elaboren y ejecuten políticas efectivas. El objetivo fundamental es plasmar algunas ideas generales sobre estas problemáticas.

Con frecuencia escuchamos de los casos que se están presentando con lamentable frecuencia de linchamientos en los barrios. Y escuchamos como muchas personas reciben las noticias de un nuevo linchamiento con alborozo, regocijo y satisfacción. Otros simplemente actúan con desidia y apatía: "Un ladrón menos".

Cada uno de estos casos es recibido por nosotros con la más profunda tristeza, porque entendemos las implicaciones de estos incidentes en plenitud. Y no es necesariamente la vida de esos "alegados delincuentes" la que más nos preocupa, ni siquiera la de sus familias, sino la de las personas que se involucran en esas acciones. Muchos no entienden que cuando una persona se involucra de forma activa en un linchamiento se degrada y degenera. Y no es que no entendamos que esos actos son consecuencia de la impotencia y la frustración de la gente ante la incapacidad de las autoridades de proporcionar seguridad a la población, el punto es que ese tipo que le da una golpiza aun "ladrón", que le da un machetazo, que le da un batazo, luego encuentra muy fácil hacer lo mismo con alguien que no sea un "ladrón". Es un asunto innegable. El policía que mata tres ladrones mata a cualquier otra persona que no lo sea igual de fácil, porque al participar en este tipo de actos de violencia, la persona degenera.

Es a la sociedad que esto daña de forma principal.

Está también la discusión filosófica. No estamos de acuerdo con los castigos físicos o corporales, con la tortura ni con la pena de muerte. Además de las obvias razones cristianas, que entendemos no son validas para los no cristianos, está la que posiblemente sea la razón más poderosa, si es posible: No funciona.

Una sociedad no puede al mismo tiempo plantear que matar esta mal y luego ella misma matar. Hay una contradicción que el subconsciente percibe, hay un problema de consistencia, de coherencia; que no permite que el mensaje llegue como un mensaje genuino.

Les ponemos aquí algunas pruebas de que la pena de muerte no funciona.

1. De 1976 a 1996 las ejecuciones en Estados Unidos aumentaron de 0 a más de 50 por año. La tasa de homicidios se mantuvo estable. ("Facts about deterrence and the death penalty")
2. En 1998 una investigación de la ONU concluyo de la siguiente forma "Este estudio no pudo demostrar científicamente que las ejecuciones fueron un factor más efectivo que la cadena perpetua para evitar el crimen"
3. En 1996, los Estados en Estados Unidos con pena de muerte tenían un

promedio de homicidios de 7.1 por 100,000. Los Estados sin pena de muerte tenían 3.6. ("Facts about deterrence and the death penalty")

4. En 1980 un estudio de homicidios en Nueva York encontró que en los meses siguientes a una ejecución el promedio de homicidios subía ("Death Penalty," American Civil Liberties Union)

5. La tasa de homicidios en Canadá ha bajado 27% desde la abolición de la pena de muerte para crímenes comunes.

6. La división uniforme de crímenes del FBI determino que en ningún Estado el número de homicidios se redujo luego de la aprobación de la pena de muerte. De hecho, los Estados con la pena de muerte tenían niveles más altos de homicidios.

Ya está más que probado que la violencia engendra violencia y que la mayoría de los delincuentes lo son como consecuencia de fallos de las sociedades. Personas abusadas, maltratadas, marginadas o mal formadas son las que más frecuentemente terminan en las cárceles.

La sociedad debe idear programas en los que a esas personas, en la medida de lo posible, se les den condiciones, no meramente humanas, sino condiciones en las que esas personas tengan contacto con el arte, con la belleza, educación, re-habilitación genuina, formación laboral y vocacional. Y aun esas personas que no sean aptas para regresar a la sociedad nunca lo que merecen no es un castigo, sino un trato bueno como compensación del fallo que como sociedad tuvimos con ellos. Es nuestro fracaso. A los re-habilitados, no abandonarlos, sino darles seguimiento.

Podrán decir lo que quieran, pero la realidad es que está demostrado que los programas reactivos no dan resultado. Solo hacen que los delincuentes sean cada vez más violentos...

Inexplicable.

Agosto 12, 2008

Hace unas semanas estuvimos entre los sorprendidos de que el hijo del Vicepresidente de la Suprema Corte de Justicia, Rafael Luciano Picardo, el joven Rafael Alberto Luciano Corominas, habiendo sido sorprendido, junto a otras dos personas, trayendo al país unos 600,000 dólares en efectivo en bajas denominaciones, fuera luego dejado fuera del caso, al considerarse que "el no sabia lo que traía su compañero" que además convenientemente se atribuyó toda la culpa.

No importo que hubiera una nota que indicaba una cantidad mayor a la realmente encontrada y que según versiones esas cantidades fueran cotejadas con consumos que habían hecho los tres en Puerto Rico.

Tampoco importó que el joven Luciano Corominas fuera propietario de dos avionetas, con un sueldo de 30,000 pesos como oficial del estado civil de Boca Chica.

Menos aun que viajaran sin plan de vuelo, lo que además de una violación a las normas internacionales es común de los vuelos del narcotráfico y el lavado.

Claro que nada de esto tuvo que ver con que el vicepresidente de suprema se reuniera con el director de Aduanas, Miguel Cocco, conocido como el mejor negociador del PLD...

Por si todavía nos quedaba algo de capacidad de asombro nos enteramos de que la avioneta Cessna matricula HI-831 propiedad de Rafael Alberto Luciano Corominas se encuentra entre otras 4 que fueron donadas por aduanas a la Fuerza Aérea para la lucha contra el narcotráfico luego de haber sido decomisadas por "...haber sido utilizadas en el contrabando de dividas, tráfico de indocumentados y estupefacientes..."

No podemos entender como es que si a Luciano Corominas no se le ha acusado de nada se le haya decomisado su avioneta. Si el es tan inocente que no procede ni siquiera hacerle una acusación, ¿Cómo es que se le incauta una aeronave que vale una fortuna? ¿O eso fue parte de la negociación?...oh...es cierto. No hubo negociación...

"¡Ay Quirino!"

Agosto 8, 2008

El caso Quirino es un caso que para los observadores de las situaciones jurídicas no puede calificarse de menos que de "apasionante". He aquí un caso en el no hay explicación jurídica para muchas cosas y un caso en el que se pueden hacer innumeras presunciones basados en la información disponible. Es verdaderamente un "caso de viernes de tragos" entre abogados.

Primero están los detalles que nadie ha querido dar o explicar pero que muchos saben. ¿A dónde iba el camión? ¿Por qué se interviene antes de llegar a Santiago? ¿Por qué no dejar que llegara a su lugar de destino, implicando a todos los involucrados?

Estas serian las emocionantes preguntas que se plantearían en el susodicho grupo al tanto que se degusta la primera ronda de cerveza, de vino, de whisky o cual que sea la preferencia del grupo de juristas. Generalmente el orden que hemos utilizado de izquierda a derecha también describe las edades de los grupos, avanzando la edad hacia la derecha.

Luego de este primer debate sin duda vendrían las preguntas procesales en sentido general. ¿Dónde están las grabaciones de Quirino? ¿Por qué no se sabe con quien o quienes se comunico Quirino antes y después de su arresto? ¿Por qué fue el director del DNI a la fecha puesto en retiro de forma tan intempestiva? ¿Qué paso con unos agentes del FBI que vinieron a buscar las grabaciones? Todo esto al son de la tercera o cuarta ronda.

Es entonces cuando se presentan las preguntas verdaderamente difíciles de contestar. ¿Por qué a cierta decoradora le permitieron retirar "sus" muebles de un almacén de Quirino? ¿Se conoce de alguien más que haya disfrutado ese privilegio? ¿No es esa misma decoradora actualmente la esposa del director del DNI puesto en retiro? ¿No está esa diseñadora cercanamente relacionada con el presidente de la República? ¿No es amiga íntima de la primera dama? ¿No es socia en su tienda de la hija del presidente?

Es en este momento cuando algunos de los participantes en la tertulia comienzan a dar excusas y a poner caras raras mientras se excusan. Quedan solo los más valientes, esos "juristas" que son verdaderamente imprudentes, valientes, osados o quizás solo los que todavía miran con ambición lo que queda en las botellas.

Entonces se hace la verdadera pregunta del caso. ¿Cómo es que Quirino es arrestado y se le formulan cargos y luego la suprema falla que el caso no ha comenzado? (Si el caso comienza no se puede extraditar) ¿Cómo es que si la suprema declara que no hay caso, -para facilitar la extradición-, la fiscalía tiene millones incautados? ¿Bajo que alegato jurídico se ampara esta incautación? Aun los más valientes comienzan a fruncir el ceño...y aparece el que nunca falta y pregunta: ¿Y por que si el caso estaba tan bien estructurado el fiscal va a Nueva York a tratar de negociar con Quirino? Y en este momento solo queda...solo queda...solo queda el mozo que dice: "¡Oh!, ¿y este reguero?"...

"De linchamientos y muertes extrañas"

Agosto 7, 2008

Los linchamientos recientes, que tristemente se están haciendo más y más frecuentes nos han hecho ver con suma preocupación lo que parece ser una peligrosa tendencia.

Los linchamientos son un fenómeno relativamente nuevo en la Republica Dominicana. En los países en vías de desarrollo, donde no hay causas raciales, religiosas y políticas, generalmente los linchamientos ocurren por la frustración de los ciudadanos por la incapacidad de las autoridades en proveer seguridad pública y por una serie de factores sociales, resentimientos y amarguras causadas por las realidades de la criminalidad, de las pandillas y de la guerrilla.

En Republica Dominicana, donde no existe la guerrilla y donde afortunadamente las pandillas no han llegado a tener la connotación que tiene en los países de Centro-America el fenómeno de los linchamientos ha adquirido un verdadero estatus de fenómeno "Sui Generis".

En la Republica Dominicana los linchamientos se están dando con relativa y preocupante frecuencia reciente exclusivamente por una razón: Incapacidad de las autoridades para controlar la criminalidad, corrupción del sistema judicial y policial y reincidencia mórbida de los criminales.

Comenzaremos desde el final a explicar a lo que nos referimos.

Una de las causas de la frustración y el enojo que terminan generando los linchamientos es el hecho de que los delincuentes, por su reincidencia mórbida, (No es poco frecuente los que tienen 17-20 fichas) llegan a ser conocidos en los barrios. La gente llega a detestarlos y temerlos y es por eso que no cuentan con la piedad de la gente cuando caen en sus manos.

Otra de las causas es la corrupción del sistema judicial y policial. Y debemos aclara que no nos referimos a los jueces, pues es muy fácil hacer de los jueces blancos. La realidad es que los jueces hacen su trabajo, con las limitaciones de nuestra realidad pero lo hacen. El problema esta en los fiscales y en la policía. Los jueces no desaparecen expedientes ni borran fichas ni reciben comisiones de lo que los delincuentes consiguen, ni andan como buscones ofreciendo "arreglar" expedientes.

La incapacidad del gobierno para generar soluciones al problema de criminalidad que nos agobia es sin duda la causa principal de los linchamientos y es culpa principal de este gobierno. Pues fue este gobierno a quien "inexplicablemente" se le disparó la delincuencia. Inexplicablemente porque pocos se detienen a pensar que este gobierno ha perdido más de 120,000 empleos. Pocos entienden que el PPH y "los desplazados del poder" (Esa fue la excusa al principio) no pueden seguir siendo culpables 4 años después...

Sin embargo no es esa la principal preocupación y razón por la que escribimos este articulo. La razón es que vemos que aparentemente el fenómeno se esta extendiendo y diversificando.

En los días recientes escuchamos como se comienzan a dar linchamientos en pueblos, cuando el fenómeno era originalmente exclusivo del "Gran Santo Domingo".

Con mucha preocupación también leímos que tres casetas de la Secretaria de Estado de Medio Ambiente fueron quemadas en San

Cristóbal y un chofer que extraía arena del río muerto en hechos "aparentemente separados".

Es cierto que los granceros tienen harto al resto del país y es cierto que ningún gobierno, -de ningún partido- ha podido con ellos, pero si la gente comienza a ver que para que se haga justicia hay que hacerla por mano propia que Dios nos coja confesados.

Indice